RAPPORT

DE M. P.-C. DÉRIVAU

ANCIEN AVOCAT

OFFICIER DE L'INSTRUCTION PUBLIQUE

A LA SOCIÉTÉ D'AGRICULTURE, SCIENCES, ARTS ET COMMERCE
DE LA CHARENTE

SUR

LE TARIF GÉNÉRAL ET RAISONNÉ

DES NOTAIRES

Par M. Albert AMIAUD

*Notaire à Vars et Président de la Chambre des Notaires
de l'arrondissement d'Angoulême*

ANGOULÊME

IMPRIMERIE DE G. CHASSEIGNAC ET Cie

REMPART DESAIX, 26

1876

BIBLIOGRAPHIE

RAPPORT

SUR

LE TARIF GÉNÉRAL ET RAISONNÉ

DES NOTAIRES

RAPPORT

DE M. P.-C. DÉRIVAU

ANCIEN AVOCAT

OFFICIER DE L'INSTRUCTION PUBLIQUE

À LA SOCIÉTÉ D'AGRICULTURE, SCIENCES, ARTS ET COMMERCE
DE LA CHARENTE

SUR

LE TARIF GÉNÉRAL ET RAISONNÉ

DES NOTAIRES

Par M. Albert AMIAUD

*Notaire à Vars et Président de la Chambre des Notaires
de l'arrondissement d'Angoulême*

ANGOULÊME

IMPRIMERIE DE G. CHASSEIGNAC ET Cie

REMPART DESAIX, 26

—

1876

RAPPORT

SUR

LE TARIF GÉNÉRAL ET RAISONNÉ

DES NOTAIRES

MESSIEURS,

M. Albert Amiaud, notaire à Vars, président de la chambre des notaires de l'arrondissement d'Angoulême et membre de la *Société de législation comparée* de Paris, est auteur de plusieurs monographies sur le notariat, qui ont été publiées dans diverses revues de droit ou mises en brochures et en volumes.

L'une de ces monographies, qu'il a offerte à la Société d'agriculture de la Charente, est intitulée : *Tarif général et raisonné des notaires.*

Vous m'avez chargé de vous rendre compte de cette publication, qui vous intéresse à raison de la qualité de l'auteur et du sujet qu'il a traité.

La qualité de l'auteur ? M. Amiaud est Charentais, notaire dans notre arrondissement et membre de notre société.

La qualité du sujet? On compte actuellement en France 9,180 notaires (il y en avait 40,000 avant 1791) ; ces 9,180 notaires, qui ont leur résidence dans les villes et dans les campagnes, passent 3,500,000 actes par an : ces actes intéressent l'honneur, l'état et la fortune des familles. Une grande partie d'entre eux sont relatifs aux mutations de propriétés foncières, qui jouent un si grand rôle dans la production et le développement de la richesse publique. Or, exposer et discuter, après des études approfondies, la question du tarif, fait ou à faire, des honoraires qui doivent être alloués aux notaires à l'occasion des actes qu'ils reçoivent, c'est traiter de l'une des charges qui pèsent sur la circulation de la propriété, et dont le fardeau n'est légitime qu'autant qu'il est proportionné à la nature et à la valeur des services qu'il doit rémunérer. Le côté économique, bien plus que le côté technique et judiciaire d'une pareille monographie, touche une société d'agriculture.

Tels sont, ce nous semble, les deux motifs qui vous ont fait désirer un rapport sur l'ouvrage de M. Amiaud.

Je m'imagine que les travaux antérieurs du notaire de Vars ont un peu agrandi le sujet que j'ai à traiter. J'aurais pu, sans doute, me dispenser de vous en parler, si je m'étais laissé inspirer et guider par cette réflexion de la jalousie présentée par Fontenelle dans son éloge de Tournefort, à savoir : « L'approbation est quelque chose de forcé et qui ne demande qu'à finir. » Malgré cela, je vous parlerai de ces travaux de M. Amiaud, d'abord, parce qu'ils ont été les heureux préludes de son grand ouvrage sur le *Tarif*, une des œuvres juridiques les plus méritantes de notre époque, et, ensuite, parce que je trouve mon excuse dans l'indulgence avec laquelle vous avez déjà accueilli mon premier rapport, celui sur l'ouvrage de philosophie politique de M. Mailfer.

Prenez garde cependant : les avocats, dont on ne se défie pas, quand c'est hors du palais qu'on leur donne la parole, finissent par ressembler, malgré eux et aussi malgré les autres, à ces gens dont La Fontaine a dit :

> Laissez-leur prendre un pied chez vous,
> Ils en auront bientôt pris quatre.

§ Ier.

Ce n'est pas par la publication du *Tarif* que M. Amiaud a fait son entrée dans la littérature juridique ; il s'y est préparé, pendant plusieurs années, par des travaux de polémique pleins d'à-propos sur le notariat, sur les notaires, sur leurs actes et leur responsabilité professionnelle ; travaux qui ont pris place dans la *Revue pratique du droit français,* dans la *Revue du notariat et de l'enregistrement* et dans le *Bulletin de la Société de législation comparée.* L'auteur du *Tarif* n'est pas de ceux qui s'écartent prudemment pour livrer passage à l'erreur. Dès qu'il l'aperçoit, il épaule son fusil et tire dessus. S'il ne la tue pas du coup, il fait du moins le bruit salutaire qui annonce la présence de l'ennemi. Tant pis pour ceux qui, sans tenir compte de cet avertissement, lui ouvriraient inconsidérément leur porte à deux battants.

Citons les escarmouches, qui ont pris souvent les proportions d'une bataille rangée, où s'est engagée la valeur scientifique de notre *notaire de campagne.*

1o On sait qu'une jurisprudence unanime décide que les notaires n'ont pas droit à l'*intérêt* des sommes qu'ils ont avancées à leurs clients, à raison des *actes* par eux reçus.

Or, comme un arrêt de la Cour de cassation de 1853 avait admis un tempérament à cette jurisprudence, qui fait aux notaires une situation anormale, M. Amiaud, s'emparant de ce retour du droit à l'équité, soutint, en 1868, dans la *Revue du notariat et de l'enregistrement*, cette thèse nouvelle, à savoir que :

« Dans un contrat *synallagmatique*, est valable la clause portant que les déboursés de timbre et d'enregistrement avancés aux parties par le notaire doivent produire intérêt à partir du jour où l'avance en aura été faite. »

2o M. Amiaud était depuis un an notaire à Vars; c'était en 1868. Il se trouva tout d'abord aux prises, comme ses collègues, avec une difficulté de pratique notariale qui tenait en échec et la solidité des contrats d'acquisitions les plus usuels et la responsabilité des notaires qui les avaient reçus.

De quoi s'agissait-il ?...

Rassurez-vous, Messieurs ; j'espère que mon amour-propre me sauvera du ridicule d'entretenir *savamment* une société d'agriculture des choses que revendique seule la compétence d'une académie de législation.

Tout le monde sait que la femme a une hypothèque légale sur les biens de son mari, pour la garantie de ses droits et reprises.

Or, cette hypothèque est une entrave à la liberté d'action et au crédit du mari ; elle le gêne dans la vente de ses immeubles, sur lesquels elle pèse de tout son poids entre les mains de l'acheteur ; elle met obstacle aux prêts hypothécaires par la priorité des garanties de la femme.

Mais le consentement de la femme, maîtresse de ses droits, peut lever tous les obstacles. Elle *éteint* son hypothèque légale par la renonciation qu'elle en fait au profit de l'acquéreur de son mari ; elle l'abdique au profit du prêteur, à qui elle cède tous ses avantages de la priorité.

Il y a là deux renonciations de nature et d'effets bien différents : l'une *extinctive,* c'est celle au profit de l'acheteur ; l'autre *transmissive,* c'est celle au profit du prêteur. ꝺ

La renonciation *extinctive* doit-elle être *inscrite* au bureau des hypothèques, comme la renonciation *transmissive ?*

Telle est la question.

La nécessité de l'*inscription,* pour la renonciation *extinctive,* crée, dans la pratique du notariat, les plus grands embarras pour les acheteurs comme pour les notaires.

Le siége de la difficulté est dans l'interprétation de l'article 9 de la loi du 23 mars 1855 sur la *transcription.*

D'après M. Amiaud, l'acheteur n'a pas besoin de faire *inscrire* la renonciation de la femme à son hypothèque légale ; il lui suffit de faire *transcrire* son acte d'acquisition. La renonciation aujourd'hui tient lieu de *purge :* c'est ce qu'il soutient.

Cette opinion, il la présenta en forme de lettres dans la *Revue pratique du droit français,* où elle fut combattue par M. Verdier, auteur du *Traité de la transcription hypothécaire.* Celui-ci soutint, dans la même forme, que l'acheteur, pour être à l'abri de tout péril, non-seulement doit *purger,* mais encore *inscrire* la renonciation qui lui a été consentie.

Une lutte pacifique et pleine de courtoisie s'engagea sur cette question théorique et pratique entre les deux vaillants adversaires. Juges, avocats et notaires formaient la galerie.

De la feuille fugitive d'une revue périodique ces lettres savantes passèrent dans un volume in-8° de 369 pages, que M. Amiaud publia sous le titre : *De la renonciation à son hypothèque légale par la femme du vendeur au profit de l'acquéreur*. C'est une monographie complète sur un point de droit, où les thèses des contradicteurs sont mises en présence avec bonne foi, et suivies d'un appendice qui contient les arrêts et les extraits des auteurs qui ont écrit sur cette question.

A l'*Académie de législation de Toulouse*, dans la séance du 10 avril 1869 (tome XVIII° du Recueil de cette académie, p. 131 à 149), a été lu un *Mémoire* de M. Lacointa, l'un de ses membres correspondants, sur la question traitée par M. Amiaud et sur la valeur scientifique de son ouvrage. Voici comment il conclut :

« Par l'étude approfondie de la question, par l'habileté avec laquelle il a mis en relief d'intéressantes considérations pratiques, par son style attrayant, animé, et le soin qu'il a pris à réunir tous les documents à consulter dans ce débat juridique, M. Amiaud a droit aux félicitations de ceux qui ont à cœur la recherche de la véritable pensée du législateur dans l'interprétation des textes. Aussi l'auteur nous paraît-il digne d'être honoré des remerciements de l'Académie. »

Le procès-verbal de cette séance constate, en effet, que, conformément à la proposition du lecteur, l'Académie vote des *remerciements* à M. Amiaud.

L'Académie de législation de Toulouse a eu raison de proclamer le mérite et l'utilité de pareils travaux, qui font faire des progrès à la science du droit.

La vérité en toute chose est une conquête plutôt collective qu'individuelle : tous ceux qui ont combattu pour elle avec bonne foi et désintéressement, ont droit à une part dans la gloire du triomphe. M. Amiaud rappelle dans son ouvrage ces paroles remarquables d'un légiste moderne :

« Les idées sont filles des idées; elles sont engendrées les unes par les autres ; l'humanité creuse pendant des siècles ; un homme donne le dernier coup de sonde, et la vérité jaillit : mais elle n'est pas à lui, elle est à tous ceux qui y ont travaillé. »

3° Dans un rapport fait au Sénat, le 16 avril 1869, par M. Lacaze, à l'occasion d'une pétition de M. Daulnoy, président de la chambre des notaires de Toul, le rapporteur contesta aux officiers ministériels (avoués, notaires et huissiers) la *propriété de leurs charges* : il prétendit que leurs fonctions devaient être considérées comme des émanations ou plutôt comme des *délégations* de la puissance publique, qui est inaliénable.

C'est pour réfuter cette assertion, qui sapait à sa base la propriété des offices, que M. Amiaud, notaire, prit la plume *(jam proximus ardet Ucalegon)*; et, soit à la suite de son volume sur la *Renonciation de la femme à son hypothèque légale,* soit dans une brochure plus ample, de 67 pages, intitulée : *De la vénalité et de la propriété des offices ministériels,* réfuta avec des arguments nouveaux, qui attestent un grand esprit pratique, une opinion qui tirait son importance dangereuse de la qualité et de l'élévation de celui qui l'exposait.

Dans ce travail, le jeune notaire de Vars justifie cette proposition : « L'inamovibilité des officiers ministériels, la propriété des charges ne sont pas des innovations de notre époque; c'est une vieille législation française que nos nouvelles lois ont rajeunie, et qui, ayant pour elle la sanction du temps, s'offre à nous avec la recommandation de plusieurs siècles d'expérience. »

4° De la question de *propriété* des offices, M. Amiaud a passé à la question de la *responsabilité des notaires,* en publiant, en 1873, une brochure sous ce titre : *Des clauses préventives en usage dans le notariat.*

Le rôle du notaire ne se réduit pas au rôle passif de donner l'authenticité à des conventions, arrêtées avec ou sans son concours. Ses fonctions lui imposent le devoir d'éclairer les parties sur les conséquences de leurs actes passés devant lui, et de veiller à l'observation des formalités dont l'absence pourrait compromettre leurs intérêts.

Tels sont les principes reconnus et consacrés par la jurisprudence.

Or, en 1852, la Cour de Paris, et, en 1872, la Cour de cassation, tirant les conséquences de ces principes, décidèrent :

« Que le notaire ne saurait s'affranchir, par des énonciations ou *clauses préservatives* exprimées dans son acte, de la responsabilité que ses fonctions lui imposent, responsabilité qui est d'autant plus étendue que les contractants sont moins éclairés ;

« Que de telles énonciations auraient pour résultat d'annihiler, dans ce qu'elle a de plus honorable, la dignité notariale, si elles rédimaient l'officier ministériel de l'obligation inhérente à sa fonction ;

« Qu'il ne peut donc pas se retrancher derrière des clauses qui sembleraient convertir son rôle instrumentaire des actes en celui d'un rédacteur passif ;

« Que de pareilles énonciations ne pourraient, en *thèse générale,* affranchir le notaire de sa responsabilité et des obligations de sa charge. »

C'est ainsi que la jurisprudence, imprimant à la responsabilité morale le cachet et la sanction du droit positif, frappa d'impuissance et d'inefficacité les précautions prises par les notaires dans les actes qu'ils recevaient, en vue de s'affranch.r de la responsabilité qui aurait pu les atteindre.

M. Amiaud, dans un article de la *Revue du notariat* (1870) et dans une brochure qu'il publia en 1873, traita à fond cette importante question, qui jetait le trouble dans toutes les études de notaires, et répandit sur elle les lumières les plus vives et les plus étendues. Sa manière de discuter le droit rappelle la méthode savante du jurisconsulte Merlin ; même ordre, même abondance d'arguments, même clarté.

Après s'être expliqué sur les *clauses de style,* en tant que répétition stérile de mots dont il recommande aux notaires d'*écheniller* leurs actes, il aborde la thèse des *clauses préventives,* qu'il examine sous toutes leurs faces, et il conclut à leur validité, en général. Ces clauses ne sont pas, selon lui, contraires à l'article 8 de la loi de ventôse.

Sans donc contester le principe de la responsabilité notariale, il s'attache à circonscrire dans leurs limites naturelles (ce que n'avait fait la jurisprudence) la valeur légale des *clauses préventives.*

Ce travail, dans lequel la théorie et la pratique se prêtent un mutuel secours, a dû rassurer le notariat et lui inspirer la confiance à laquelle toute honnêteté a droit.

5° M. Amiaud a deux plumes à sa disposition : la plume habile du notaire et la plume savante du publiciste. Ses travaux sur le notariat l'ont fait accueillir avec empressement par la *Société de législation comparée* de Paris.

Les idées sont des produits de la civilisation des peuples. Elles sont à tous et appartiennent à ceux qui veulent et savent s'en servir.

La *législation comparée,* science moderne, science

morale et sociale, qui s'agrandit par l'observation et puise ses éléments dans les relations de toutes les sociétés humaines entre elles ; la *législation comparée*, une des manifestations de la loi du progrès, qui dilate l'esprit étroit et jaloux de nationalité, a cette utilité incontestable d'ouvrir la porte à toutes les idées d'organisations civiles et politiques, de quelque endroit qu'elles viennent, et, par la comparaison des institutions déjà *pratiquées*, d'éclairer les peuples et les gouvernements sur les améliorations dont seraient susceptibles leurs législations nationales et particulières.

Cette science a des chaires publiques dans toutes les grandes villes de l'Europe.

M. Amiaud, membre actif de la *Société de législation comparée,* de Paris, a inséré, en 1873, dans le *Bulletin* de cette société, une notice très intéressante sur l'organisation du notariat en Russie et en Espagne. Cette *notice* est sans doute extraite de son grand ouvrage en préparation sur la *législation comparée du notariat en Europe.*

Il nous apprend que le notariat a été organisé depuis dix ans en Russie, en prenant pour type notre loi de ventôse.

Quant au notariat en Espagne, savez-vous ce qu'il était avant 1862 ? Voici ce qu'en dit M. Jeannest de Saint-Hilaire :

« Le cynisme de la misère était tel chez les notaires espagnols qu'il leur fallait faire des faux, non pour s'enrichir, mais pour vivre. Aussi la preuve testimoniale était-elle admise sans limites contre leurs actes. »

Mais M. Amiaud s'empresse de nous apprendre que la réforme de cette institution date du 28 mai 1862, et que l'Espagne jouit aujourd'hui de l'avantage de posséder la *meilleure loi notariale qui existe en Europe*. Il fait

remarquer que la loi, en Espagne, exige plus de garanties de capacité et veille avec un soin plus scrupuleux a
l'instruction scientifique des notaires. Ainsi, tout can-
didat doit être d'abord bachelier ès-lettres; puis, en
outre du certificat de stage dans une étude, il faut qu'il
ait suivi, dans une Université du pays, les cours de droit
civil, commercial et pénal; qu'il connaisse une partie
du droit administratif et du droit privé international,
la procédure civile, l'histoire et l'organisation du notariat espagnol; enfin, il doit subir un examen professionnel *plus rigoureux qu'en France.*

Sur les 9,180 notaires qui instrumentent dans notre
pays, combien en distinguerait-on qui satisfassent à ces
conditions? Les étoiles dans la nuit sont faciles à dis-
tinguer : leur éclat les signale.

Permettez-moi, Messieurs, d'arrêter ici, pour aujour-
d'hui, cette analyse des ouvrages de notre savant
compatriote, et de renvoyer à la tenue de votre pro-
chaine séance la continuation du rapport que vous
m'avez demandé sur cette dernière publication de
M. Amiaud : *Le Tarif général et raisonné des notaires.*

Ce tarif, je crois vous l'avoir dit, est une œuvre considérable, à la fois *théorique* et *pratique,* sur la rémunération rationnelle et légale des divers actes notariaux.

Vous savez maintenant, Messieurs, par le caractère
des premières publications de M. Amiaud, pourquoi et
comment, à l'heure où lui tombe des doigts la plume
fatiguée du notaire qui instrumente, il saisit aussitôt,
comme pour se délasser par la diversité du travail, la
plume savante et animée du jurisconsulte et du publiciste.

Un moraliste qui a ravivé et épuré bien des idées, en
les affinant par son style, M. Joubert, en parlant des
écrivains de notre siècle, s'exprime ainsi :

« En quelques-uns, écrire est leur occupation, leur affaire, leur vie ; en quelques autres, leur amusement, leur distraction, leur jeu ; en ceux-là, c'est magistrature, fonction, devoir, inspiration ; en ceux-ci, tâche, métier, calcul, commerce, propos délibéré. Les uns écrivent pour répandre ce qu'ils jugent meilleur à tous, les autres pour étaler ce qu'ils estiment meilleur à eux. Aussi les uns veulent bien faire, et les autres faire à propos, se proposant pour fin, les premiers, la *vérité* ; les autres, le *profit*. »

Vous savez jusqu'à présent, Messieurs, par l'analyse que je viens de vous présenter des premiers travaux de notre compatriote, à laquelle des deux catégories d'écrivains il appartient, et ce que le caractère de ses commencements promet pour l'avenir. Ses débuts, que vous connaissez, ont été la lutte savante de la vérité contre l'erreur ; cette lutte se continue sur un plus vaste terrain dans le *Tarif,* où elle est celle du *droit contre l'arbitraire.*

§ II.

Le notariat a rendu des services si nombreux dans les sociétés anciennes et modernes que son utilité ne saurait être mise en doute. Mais on s'est demandé si cette institution, telle qu'elle est organisée en France par la loi de ventôse, est entourée de toutes les garanties nécessaires à l'autorité souverainement probante conférée par la loi aux actes notariés. Les réformes sont indiquées depuis longtemps pour mettre cette institution, dans notre pays, à la hauteur des notariats étrangers, et pour placer ces fonctions à un degré plus élevé de respect et de considération.

Ces réformes portent généralement sur les objets suivants :

1° L'adoption d'un tarif légal;

2° L'abolition de la vénalité des offices;

3° L'élévation du degré de capacité et de connaissances juridiques des notaires ;

4° La nomination des notaires par des jurys au concours;

5° Une juridiction disciplinaire mieux organisée, etc., etc...

Il n'y a point lieu de s'expliquer ici sur l'utilité et l'opportunité de chacune de ces réformes civiles, objet fréquent d'études de ces esprits opiniâtres qui poursuivent, en toute chose, la réalisation du mieux, mais de s'arrêter à une seule, la première que nous ayons signalée, qui est relative au meilleur mode de fixation des honoraires des notaires.

M. Amiaud a examiné cette question sous toutes ses faces dans le travail complet qu'il a publié l'an dernier sous ce titre : *Le Tarif général et raisonné des notaires*, avec ce sous-titre, qui en précise et limite l'objet : *Étude sur les principes et le mode de rémunération des actes notariés, sur la procédure du tarif, les réformes qu'il y aurait lieu d'apporter à la législation actuelle, etc., suivie d'un projet de tarif légal.*

En l'absence de tout tarif légal obligatoire dans le notariat, voici, dans l'état actuel de la législation, éclairée par la jurisprudence, les règles qui président à la fixation judiciaire des honoraires des actes notariés :

1° Il n'y a pas de règlement conventionnel obligatoire entre le notaire et les clients concernant les honoraires des actes;

2° La taxe qui est obligatoire et d'ordre public est

2

celle qui est faite par le président du tribunal civil, sauf recours au tribunal dans le cas de non-acquiescement;

3° Cette taxe doit précéder toute demande en paiement;

4° Cette taxe peut être réclamée, même après un paiement volontairement effectué.

Or, existe-t-il, dans le notariat, une loi obligatoire et uniforme réglant le montant des honoraires des actes, comme il en existe une réglant le montant des frais et honoraires ou salaires des actes d'huissier et d'avoué? Non. C'est pourquoi, en l'absence de toute règle à cet égard, la rémunération des actes, ne pouvant être l'objet d'une convention obligatoire entre le notaire et les clients, est abandonnée à l'appréciation du président et du tribunal civil.

Il est bien vrai qu'il existe, dans chaque chef-lieu d'arrondissement, une chambre des notaires; que ces notaires sont autorisés à se concerter sur ce qui intéresse l'exercice des fonctions notariales, et à donner leur avis sur les difficultés concernant le règlement des honoraires et vacations des notaires.

Il est bien vrai encore qu'en dehors des convocations légales, les notaires de chaque chef-lieu de département ont délibéré un tarif qui n'est point et ne peut être obligatoire, dont l'application est confiée à leur honneur ou à leur intérêt, et dont ils s'inspirent, ainsi que le juge qui les taxe, pour la fixation de leurs honoraires et vacations.

Ces tarifs, dont le nombre et la variété rappellent le régime de la France d'avant 1804, avec la bigarrure de ses coutumes locales, et qui reflètent la mobilité de l'esprit des chambres de notaires; ces tarifs, qui n'ont rien de constant et d'uniforme, et qui s'élèvent pério-

diquement, en tout ou en partie, pour suivre le mouvement ascensionnel du prix des charges des notaires, ne
sont pas seulement des lois que ces officiers ministériels ont octroyées à leurs études ; ils sont, en même
temps, et surtout, des lois de finances qui pèsent arbi-
trairement sur leur clientèle, dont l'intérêt, tout respec-
table qu'il est, n'a pas été représenté dans ces délibé-
rations de familles notariales autrement que par l'intérêt
de ceux-là mêmes qui les ont imposées.

Sans doute l'opinion du juge qui vient après ces tarifs
est un correctif précieux ; mais cette opinion, qui man-
que de la lumière et de l'autorité de la règle fixe, uniforme et obligatoire pour tous, laisse le notaire et son
client à la discrétion d'un arbitraire qui embarrasse
l'esprit et la conscience de celui-là même qui est obligé
de s'en servir. Bacon dit excellemment dans un de ses
aphorismes : *Etiam illud receptum est, optimam esse
legem quœ minimam relinquit arbitrio judicis : il est
reçu de tous que la meilleure loi est celle qui laisse le
moins à l'arbitraire du juge,* comme le meilleur juge
est celui qui s'en permet le moins. Or, dans l'état actuel,
la rémunération des actes notariés n'est autre chose
que la volonté du juge élevée à la hauteur d'une loi
obligatoire.

Cette rémunération des actes notariés, qui intéresse
une institution desservie par 9,180 fonctionnaires, et
dont l'œuvre annuel ne compte pas moins de trois mil-
lions et demi d'actes, a donné lieu, de la part des publi-
cistes, à se poser les questions suivantes :

1º La rémunération des actes notariés doit-elle être
abandonnée, comme les conventions ordinaires, à un
règlement amiable entre le notaire et le client ?

2º Un tarif obligatoire est-il nécessaire entre le notaire et le client ?

3ᵒ Ce tarif ne doit-il faire loi qu'à défaut de convention?

4ᵒ Ce tarif doit-il être obligatoire en tout cas et d'ordre public, de sorte que l'on pourra toujours, nonobstant toute convention et même paiement, en demander l'application?

5ᵒ Quel doit être le juge compétent pour le règlement des actes notariés?

Or, le *Tarif général et raisonné des notaires*, de M. Albert Amiaud, a pour objet principal de prouver, *théoriquement* et *pratiquement*, qu'un tarif fixe, uniforme, général et obligatoire pour tous, est nécessaire dans l'intérêt de la clientèle, dans l'intérêt du notariat et dans l'intérêt de la magistrature, et que ce tarif est *possible*.

Un tarif ainsi qualifié est nécessaire dans l'intérêt de la clientèle dont les frais d'actes touchent à leurs conventions. Le coût exact de cet accessoire des conventions, qui pèse lourdement sur les actes, n'est-il pas un des éléments qui entrent dans la détermination du consentement à l'acte?

Il est également nécessaire dans l'intérêt du notaire, dont, en l'absence d'une règle fixe à appliquer, l'honneur est exposé, et le prestige, la considération affaiblis par la réduction de la taxe faite par le président et par le tribunal, qui manquent de loi, comme le notaire lui-même dont la rémunération est réduite.

Enfin, il est nécessaire dans l'intérêt de la magistrature, dont la conscience repose plus sûrement sur l'oreiller de la loi que sur la couche mouvante de l'arbitraire.

Ce tarif des actes notariés n'est pas seulement nécessaire, il est *possible*.

Établir cette *possibilité* était l'affaire capitale de

l'ouvrage de M. Amiaud. L'auteur a fait comme ce philosophe à qui l'on disputait l'existence du mouvement, et qui se mit à marcher ; il a fourni la démonstration du fait contesté, en dressant lui-même un *projet de tarif légal.*

D'après une méthode de classement traditionnel et qui correspond à la nature des choses, tous les actes notariés sont, au point de vue de leur rémunération, répartis en trois classes : actes à honoraires *fixes,* actes à honoraires *proportionnels* et honoraires de *vacations.*

Pour la taxe légale, il s'agit de composer chacune de ces trois classes d'après le caractère des actes, la nature du travail qu'ils occasionnent aux notaires et la somme de responsabilité dont ils le chargent.

L'auteur du *Tarif général et raisonné* a adopté ce classement des rémunérations. Il a composé ce projet de tarif, qui n'occupe pas moins de 447 pages dans son volume de près de 1,200 pages, en lui donnant la forme d'un *dictionnaire* dans lequel sont analysés, au point de vue de leurs difficultés ordinaires et d'une rémunération rationnelle et juste, tous les actes, par ordre alphabétique, avec la tarification précise que comportent leur nature et leur objet.

Ce projet de tarif n'est pas un *prix-courant*, à l'instar des tarifs que les chambres des notaires se fabriquent pour l'usage des études de l'arrondissement. Tous les actes de la pratique notariale, recueillis au nombre de 328, depuis le terme *Abandon de biens* jusqu'à celui de *Voyage (frais de)*, y sont présentés un à un, discutés, caractérisés et tarifés avec cet esprit de justice savante et d'équité éclairée et consciencieuse qui s'attache à découvrir le point où convergent l'intérêt du notaire et celui du client.

Nous signalons à l'attention des hommes d'affaires, entre autres, les mots *Bail, Inventaire, Obligation, Société,* et surtout les mots *Contrat de mariage, Intérêt, Liquidation, Testament* et *Ventes,* qui, à raison de leur fréquence et de leur importance, ont reçu les plus utiles et les plus complets développements.

Un tarif des actes notariés est donc *possible.*

Il n'y a pas témérité à pousser le législateur dans cette voie de la réforme par l'adoption d'un tarif légal, puisqu'en Hollande, en Prusse (rive gauche du Rhin, 1822 et 1858), en Bavière et en Russie, il existe des tarifs généraux et obligatoires des frais et honoraires des notaires qui instrumentent dans ces pays.

L'ouvrage considérable de M. Amiaud n'est pas seulement l'exposé d'un projet de tarif général et raisonné des notaires.

Il comprend :

L'histoire des tarifs depuis l'origine de l'institution du notariat jusqu'à nos jours ;

Les inconvénients du règlement amiable ;

La possibilité d'un tarif légal ;

L'inutilité ou les dangers d'un système mixte, proposé par le comité des notaires, et la nécessité d'un tarif uniforme pour toute la France ;

Les principes sur lesquels il y aurait lieu d'établir la rémunération des actes notariés ;

Un aperçu sur les législations notariales étrangères, ainsi que les principes généraux et le mode de rémunération dans divers États de l'Europe, et les motifs pour lesquels le notariat n'est pas encore organisé dans certaines parties de l'Europe.

Après cette introduction, vient le projet de *tarification raisonné des actes de notaire* dont nous avons parlé plus haut; ensuite :

La procédure du tarif ;

Les droits du notaire et les moyens qu'il peut employer pour le recouvrement de ses honoraires et des frais qui lui sont dus ;

Les droits des clients contre les notaires ;

Les peines encourues par le notaire qui a perçu des droits excessifs ;

Les réformes à introduire dans la procédure actuelle du tarif ;

Un projet de tarif général, correspondant au *tarif raisonné* donné plus haut ;

Enfin, diverses annexes renfermant les différents rapports qui ont été faits, soit à la Chambre des pairs, soit à la Chambre des députés.

Cet ouvrage consciencieux et complet, eu égard à l'objet qu'il traite, est d'une grande utilité. En l'absence d'un tarif légal, il éclaire les notaires sur l'origine, la nature et l'étendue de leurs obligations et de leurs droits : ils peuvent l'accepter comme leur *bréviaire professionnel*. Il peut être consulté avec fruit par le juge taxateur qui veut se rendre un compte exact des limites rationnelles et équitables dans lesquelles il doit étendre ou contenir la rémunération des notaires. Il est, enfin, une source abondante de documents propres à éclairer le législateur qui entreprendrait la confection d'un *tarif légal*, fixe, général et obligatoire pour toute la France.

Nous devons nous féliciter de trouver le nom d'un Charentais attaché à une pareille œuvre.

Nous avons sous les yeux, en écrivant ce rapport, les comptes-rendus qui en ont été faits par les plumes les plus autorisées : 1° en Belgique, par la *Revue pratique du notariat belge*, par le *Moniteur belge*, journal officiel, et par le *Moniteur du notariat et de l'enregistre-*

ment ; 2° en France, par le *Journal des notaires,* par la *Revue du notariat et de l'enregistrement,* par le journal *le Droit,* par le *Journal du Palais,* par le *Journal officiel* et même par le *Grand Dictionnaire universel,* de Larousse, qui a profité de l'ouvrage de M. Amiaud pour composer son article *Tarif.*

« Travail vraiment remarquable sous tous les rapports, dit le *Moniteur du notariat,* travail traité de main de maître, qui fait le plus grand honneur au notariat, et qui doit nécessairement figurer dans la bibliothèque de ses confrères, dont il défend les intérêts avec le plus grand talent et le plus grand succès. »

« C'est inouï, dit le journal *le Droit,* tout ce qu'on trouve de documents, de citations et de renseignements de toute nature dans cet énorme travail. C'est aussi un livre de dévouement. Il faut, en effet, se dévouer d'une façon particulière à la profession qu'on exerce pour lui consacrer tant de veilles et tant de loisirs. »

« Travail consciencieux et savant, dit la *Revue du notariat ;* il mérite tous les éloges. »

« Quels services seraient rendus, dit le *Moniteur officiel,* si, à l'exemple de M. Amiaud, publiciste distingué, auquel la science doit des études estimées, chacun, dans sa sphère, éclairait le public des lumières de son expérience personnelle sur la condition faite à sa profession, et permettait d'en saisir les côtés utiles ou défectueux pour y apporter les modifications graduelles qu'exige la sage application des lois du progrès social. »

La *Revue critique de législation et de jurisprudence,* dans sa partie bibliographique (mai 1876), consacre un article de huit pages à l'appréciation de l'ouvrage de M. Amiaud.

« Après avoir examiné avec le plus grand soin l'ouvrage de M. Amiaud (dit l'auteur de cet article), nous devons constater qu'il est écrit avec méthode et élégance, et qu'il est le résultat de longues et laborieuses recherches. »

« Œuvre considérable, dans laquelle les hommes désireux d'étudier les questions qui se rattachent au tarif trouveront des documents importants. »

Il ajoute :

« Nous croyons (et c'est selon nous un rare mérite) qu'il peut être lu avec intérêt, même par les personnes étrangères au langage du droit, et qui n'ont fait aucune étude sur cette matière spéciale. »

L'ouvrage de M. Amiaud, dont tous les journaux qui en ont parlé ont fait le plus grand éloge, a été tiré à 500 exemplaires par les presses de l'imprimerie Nadaud et Chasseignac, d'Angoulême.

Or, cette œuvre considérable et consciencieuse, pour la confection et la perfection de laquelle il a fallu interroger, avec des précautions infinies, toutes les sources du droit ; cette œuvre qui répond à un besoin général par les services journaliers qu'elle peut rendre dans la pratique des affaires, trésor de recherches pour le travail de codification future du tarif des actes de notaires, savez-vous quel nombre d'exemplaires en a été demandé et vendu dans les librairies du département de la Charente, dans le pays même de l'auteur, simple notaire, il est vrai, dans le bourg de Vars, mais président de la chambre des notaires de l'arrondissement d'Angoulême ? J'ai honte de vous l'apprendre : *deux exemplaires !!!* Je vous prie de ne pas prendre ces signes graphiques (!!!) pour des points d'admiration.

Je me hâte de prévenir toutes vos réflexions pénibles sur l'insuccès local d'une entreprise méritante, en vous faisant savoir, tout de suite, que cette indifférence *charentaise* n'a pas paralysé ailleurs l'écoulement de cette coûteuse édition. Les 500 exemplaires sont dans les bibliothèques notariales de nos voisins les Belges et de nos compatriotes des autres départements, de sorte que l'auteur du *Tarif général et raisonné des notaires* est dans l'obligation aujourd'hui (ce dont il ne se plaint pas) de donner ses soins à la publication d'une seconde édition de son ouvrage   .

Messieurs, si ce n'est pas abuser de votre patience, vous me permettrez de terminer ce compte-rendu des travaux de M. Amiaud par quelques réflexions sur l'usage qu'il a fait de son intelligence, aux heures de loisir et de liberté que lui accorde l'exercice de sa profession.

On voit, dans la société laborieuse, beaucoup d'hommes qui, une fois engrenés dans les rouages d'une profession lucrative, réduisent désormais toute l'activité de leur esprit à l'accomplissement matériel des faits vulgaires de tradition et de routine. Ils endorment leur intelligence dans le lit étroit de l'instinct, de l'habitude, et l'on peut dire qu'ils se résignent sans peine à n'être guère ni plus ni autrement inventifs et industrieux, dans leur spécialité, que le castor qui bâtit sa hutte ou l'abeille qui construit sa ruche.

On peut se demander si ces hommes, tout en travaillant selon la règle, sont, pour eux-mêmes comme pour les autres, dans la voie du progrès ?

Le devoir professionnel n'est pas tout le devoir. A cet égard, voici ce que dit M. Patin dans ses *Études sur la poésie latine.*

« Tout n'est pas dit pour l'homme, lorsqu'il est une fois quitte des charges de la vie domestique, des obligations de la profession qu'il tient de son choix et, le plus souvent, du hasard. Tous les devoirs de cette sorte accomplis, il lui en reste d'autres envers lui-même, au premier rang desquels se place celui de cultiver, par tous les moyens qui sont à sa portée, l'intelligence qui lui a été départie, intelligence que Dieu a faite et n'a pas faite en vain, capable de connaître et de sentir, avide également du vrai et du beau, à laquelle on ne doit refuser ni l'un ni l'autre. »

Qu'arrive-t-il lorsque, toujours absorbés par des occupations positives, nous négligeons l'accomplissement de notre devoir envers notre intelligence ? M. Guizot, aussi grand moraliste que grand historien, répond en ces termes à cette question :

« Pour bien s'acquitter de sa tâche dans ce monde, l'homme a besoin de regarder de haut ; si son âme n'est qu'au niveau de ce qu'il fait, il tombe bientôt au-dessous et devient incapable de l'accomplir dignement. »

Deux de nos compatriotes, et, chose remarquable, notaires tous deux, l'un en retraite et l'autre en activité, soumettant leurs facultés intellectuelles au joug du devoir, n'ont pas cessé de travailler pour élever leur esprit à ces hauteurs d'où l'on plane au-dessus et d'où l'on voit au delà de l'horizon étroit de sa profession. MM. Mailfer et Amiaud, dont les livres ont épuisé, toutes les nuits, l'huile de leurs lampes, n'ont pas cherché à flatter les goûts mobiles et changeants de la mode par des œuvres d'un jour qui surprennent notre admiration ou distraient notre oisiveté, et ressemblent à ces étoffes brillantes que le caprice prend sous sa protection éphémère. Le temps ne respecte que ce qui se fait avec lui. Donner dix, vingt années de son existence à l'incubation d'un œuvre de l'esprit, c'est au moins témoigner d'un *caractère* qui vaut un *talent*. Et quand cette œuvre est inspirée par l'amour du *juste* et de la *charité* ou par le sentiment du droit positif, du droit *pratique*, mieux régularisé et plus agrandi, on ne doit pas, *fussent-ils nos compatriotes*, marchander à leur personne et à leur talent l'estime et même la gloire, cette belle chimère qui suscite les courages.

En ce qui concerne M. Amiaud, qui seul prend la place d'honneur dans ce compte-rendu, il est bon de remarquer, pour l'en féliciter, qu'il a limité le champ de ses études pour mieux le parcourir et le connaître ; qu'il n'a jamais entrepris de s'aventurer dans d'autres régions que celle pour l'exploitation de laquelle il était fortement outillé, et que tous ses travaux intellectuels rentrent dans le cercle de la profession à laquelle il s'est attaché par goût et par devoir. Il y a un mérite bien rare dans cet amour parfait de son état. Ses ouvrages, d'une utilité incontestable, prouvent que l'étude de l'institution du notariat, pour être bien faite, exige une intelligence bien équilibrée, une intelligence nourrie de science et de pratique ; ils prouvent également, par le succès qu'ils ont obtenu près des hommes sérieux et amis du véritable progrès, qu'il y a du mérite et de l'honneur à découvrir, par son travail et sa persévérance les trésors cachés, mais inépuisables, que recèle toute profession libérale d'un service utile et constant, comme la profession honorable de notaire.

P.-Ch. DÉRIVAU.

www.ingramcontent.com/pod-product-compliance
Lightning Source LLC
Chambersburg PA
CBHW060821280326
41934CB00010B/2756